Sombras en el castillo

por
Babs Bell Hajdusiewicz
ilustrado por
Gregory Nemec

Scott Foresman

Oficina editoriales: Glenview, Illinois • New York, New York
Ventas: Reading, Massachusetts • Duluth, Georgia
Glenview, Illinois • Carrollton, Texas • Menlo Park, California

—¡Mira! —dijo Anne—. ¡Soy un
gran pájaro! ¡Mira cómo vuelo!

—¡Para! ¡Me asustas! —dijo John—.
Hoy vi ocho cuervos en el camino
junto al charco. ¡Me asustaron mucho!

—¡Las sombras también me asustan!
—dijo John.

—¡Pero, John! Ya no estamos en el
camino. Estamos en el castillo. Los
pájaros están lejos. Y las sombras no
hacen daño —dijo Anne.

—¡Igual me asustan! —dijo John.

—Sólo cierra los ojos —dijo
Anne—. Así no verás las sombras.

A lo lejos, Anne vio la luna llena.
Eso quería decir que habrían
muchas sombras en su cuarto
esa noche.

"John tiene razón", pensó Anne.
"Las sombras dan miedo de noche".

Anne trató de cerrar los ojos. Pero un gigante bailaba en la pared del castillo. Y se veían pájaros volar.

—Las sombras no hacen daño —dijo Anne.

—¡Anne! —gritó John. Anne saltó
de la cama. Había un gigante en la
puerta. "Es sólo una sombra", pensó.
"Las sombras no hacen daño".

Anne abrió la puerta y miró
hacia el pasillo. ¡Vió algo moverse
allá a lo lejos! El castillo estaba
lleno de sombras.

—¡Anne! —gritaba su hermano.

Anne oía el fuerte latido de su
corazón. Sus pies no se movían.

—Son sólo sombras —susurró—.
No hacen daño. Debo ayudar a John.

Mientras iba por el pasillo, Anne veía figuras. Las veía en las paredes y el techo del castillo.

"¡Llegué!", pensó Anne. En eso vió
una nueva sombra. ¡Y una luz!

—Es una armadura —dijo—. No
hace daño. ¡La luna brilla sobre ella!

—¡Anne! —dijo John—. ¡Vi un
gigante en el castillo! ¡Tengo miedo!

—Son sombras, John. No
hacen daño.

Cierra los ojos. Así no las verás
—dijo Anne.

—¡Enciende una vela, Anne!
¡Enciende ocho velas! —dijo John.

—Somos muy pequeños para
encender velas —dijo Anne—.
No es seguro.

Anne pensó un minuto.

—John —dijo—. ¡Podemos hacer una lámpara!

Anne arrastró el espejo por el cuarto de John.

—¡Mira, John! —dijo Anne—. El espejo ayuda la luz de la luna a entrar en el castillo. ¡Ahora tienes una lámpara!